AF453519

LE LIVRE D'OR

DU

PALAIS DE L'INDUSTRIE

BIOGRAPHIES SUCCINCTES DES GRANDS HOMMES

DONT LES NOMS SONT INSCRITS SUR LE PALAIS

PAR

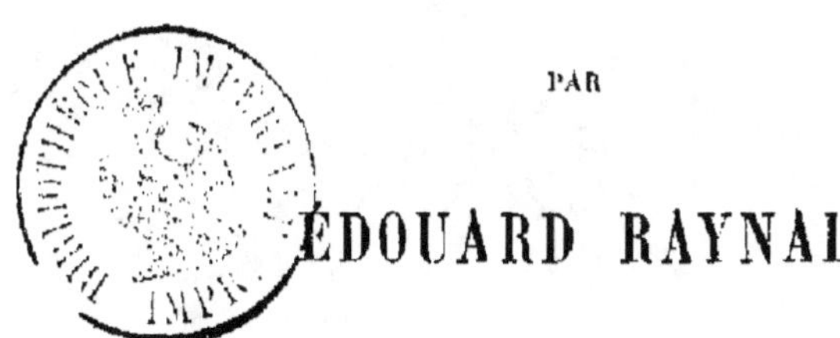

ÉDOUARD RAYNAL

Paris

IMPRIMERIE DE CH. JOUAUST

RUE SAINT-HONORÉ, 338

1859

PRÉFACE

J'ai pensé qu'il serait intéressant pour le voyageur, le passant, artiste, industriel, homme du monde, de trouver réunis tous les noms qui décorent extérieurement le Palais de l'Industrie. La naissance, le développement, le progrès des arts et des sciences, sont attachés à ces noms, qui, pour ceux qui les ont portés et pour leurs descendants, sont des titres de noblesse qu'il est juste de faire sortir, par de courtes biographies, de leur morne célébrité.

E. R.

FAÇADE NORD

GLUCK

(Christophe), compositeur, né dans le Haut-Palatinat en 1714. — Donna successivement plusieurs chefs-d'œuvre : *Iphigénie en Aulide, Orphée, Armide, Iphigénie en Tauride*, dont les paroles sont en français. Le dernier sujet fut aussi traité par Piccini. A cette occasion, il s'éleva entre leurs partisans, les piccinistes et les gluckistes, une querelle fort longue et fort animée sur la prééminence des deux rivaux et du genre cultivé par chacun d'eux. Cette question est encore indécise : chacun des deux rivaux a conservé ses partisans.

BRONGNIART

(Alexandre-Théodore), architecte, né à Paris en 1739, mort en 1813.— On lui doit les plans du palais de la Bourse et du cimetière de l'Est (Père–Lachaise).

HAUSSMANN

(Jean–Michel), manufacturier, né en 1749 à Colmar, mort à Strasbourg en 1824. — Fit d'importantes découvertes pour la teinture.

AMONTONS

Membre de l'Académie des sciences, Amontons imagina le premier le rapprochement de signaux à l'aide de lunettes. La théorie des télégraphes est là tout entière. Il est curieux de lire ce que Fontenelle dit de l'idée d'Amontons

dans son éloge de cet académicien : « Peut-
« être ne prendra-t-on que pour un jeu d'es-
« prit, mais du moins très ingénieux, un moyen
« qu'il inventa de faire savoir tout ce qu'on
« voudrait à une grande distance, par exemple
« de Paris à Rouen, en très peu de temps,
« comme en trois à quatre heures, et même
« sans que la nouvelle fût sue dans tout l'es-
« pace d'entre eux. » C'est là l'origine de toutes
les grandes inventions. Amontons mourut le 4
octobre 1699, âgé de 42 ans.

DE GIRARD

(Philippe-Henri), ingénieur, né à Lourmarin
(Vaucluse) le 1ᵉʳ février 1775, mort à Paris le
26 août 1845.— L'exposition de 1806 montra
le génie dont il était doué. Il prit un brevet d'invention pour son système de filature de lin.
Parmi ses autres inventions on cite le *dynamo-
mètre*, les *générateurs de vapeur*, une machine
à étirer les fils de fer, un couvoir artificiel, etc.

LEIBNITZ

(Godefroy-Guillaume de), philosophe et mathématicien, né en 1646 à Leipsig.—Fut vingt ans docteur en droit à Altdorf, conseiller de l'électeur Ernest-Auguste, conseiller aulique de l'empereur et président perpétuel de l'Académie de Berlin. Il mourut en 1716. Leibnitz fut le chef d'une école qui fut l'essai d'une alliance entre les écoles idéaliste et sensualiste. Ses principaux ouvrages sont des essais de théodicée, un traité de calcul intégal, des questions de philosophie, de jurisprudence, etc.

LÉONARD DE VINCI

Né en 1452, près de Florence. — Se distingua à la fois comme peintre, comme mécanicien, ingénieur et architecte. Après avoir habité successivement Milan, Florence et Rome, il vint se fixer en France, attiré par François Iᵉʳ,

qui le combla de bienfaits ; il mourut en 1519
à Amboise. Léonard de Vinci laisse à désirer
tant pour le coloris que pour le dessin ; mais il
est le premier qui ait réalisé à un haut degré le
principe du beau en peinture. Comme sculpteur et comme ingénieur, il a laissé de beaux
monuments de son génie. Il a aussi cultivé les
lettres avec succès.

S. LACROIX

Géographe, né à Paris en 1704, mort en
1760. — Embrassa l'état ecclésiastique et se
consacra à l'enseignement géographique. On a
de lui une géographie moderne, 1747, qui est
restée longtemps classique.

BUFFON

(Georges-Louis Leclerc, comte de), naturaliste, né à Montbard (Côte-d'Or) en 1707,
mort à Paris en 1788. — Fut l'un des écri-

vains dont la réputation augmenta la gloire de la France, même après les grands noms du siècle de Louis XIV. Son *Histoire naturelle* est un monument d'éloquence qui nous est envié par toute l'Europe.

VAUQUELIN

Chimiste, né le 16 mai 1763. — Il entra, à 13 ans, comme garçon, chez un pharmacien. La patience, le courage, le génie, en ont fait un des premiers chimistes français. Il mourut le 14 octobre 1829. On lui doit la découverte du chrôme et de la strychnine.

ABBÉ DE L'ÉPÉE

(Charles-Michel), respectable ecclésiastique, fondateur de l'établissement des Sourds-Muets, né à Versailles en 1712, mort à Paris, à l'âge de 77 ans, le 25 décembre 1789. — En 1785, Louis XVI, par arrêt du conseil, avait assuré un revenu de 6,000 livres à l'institution des Sourds-Muets.

FOURCROY

(Antoine-François de), né à Paris en 1755, directeur général de l'instruction publique en 1801, mort en 1809. Auteur de la *Philosophie chimique.*

MANSART

(François), architecte, né en 1598 à Aix, mort à Paris en 1666. On lui dôit la restauration de l'hôtel de Toulouse. Ce fut lui qui acheva le château de Blois et commença le Val-de-Grâce, à Paris ; il bâtit ensuite l'église de Sainte-Marie de Chaillot et le château de Maisons près Saint-Germain-en-Laye. C'est lui qui a inventé cette sorte de couverture brisée qu'on a appelée, de son nom, mansarde. Son neveu, J. Hardouin Mansart, fut chargé par Louis XIV des plus grandes constructions et des travaux les plus importants du règne de ce prince. Le château de Marly, le Grand-Trianon, le château de Clagny, la maison de Saint-Cyr, la place Vendôme, la place des Victoires, le château de Versailles, et enfin l'Hôtel des Invalides, sont ses titres à la gloire. Il mourut subitement à Marly en 1708.

GALVANI

Médecin et physicien, né à Bologne en 1737 et mort en 1795. — Fut professeur d'anatomie à l'Université de cette ville. On lui doit la découverte (1792) des phénomènes électriques que l'on ne croyait pas pouvoir attribuer à l'électricité ordinaire et auxquels on a donné le nom de galvanisme.

KELLER

(Jean-Balthazar), né à Zurich en 1638. — Fut attiré à Paris par Jean-Jacques Keller, son frère, habile fondeur de canons. Ils furent chargés de la majeure partie des ornements et des figures de bronze qui ornent le palais de Versailles. C'est à eux qu'on doit la copie du Rémouleur. Balthazar doit sa gloire personnelle à la fonte de la statue équestre de Louis XIV en 1669, et de celle de Frédéric-Guillaume, à Berlin, en 1670. Nommé en 1697 commissaire général de l'artillerie du roi, Balthazar Keller mourut en 1702.

PINAIGRIER

Peintre sur verre dont on ignore les dates de la naissance et de la mort. — On sait cependant que, vers 1500, il fréquenta les artistes qui brillaient alors : Léonard de Vinci, le Pérugin et autres. La ville de Chartres conserve les peintures de l'église de Saint-Hilaire, qui furent exécutées vers 1530. A Paris, il enrichit de ses ouvrages Saint-Jacques-la-Boucherie, Saint-Gervais, Saint-Merry. Les seuls vitraux qui restent de lui sont au Charnier de Saint-Etienne-du-Mont.

STEPHENSON

(Georges), longtemps ouvrier mineur, est aujourd'hui l'un des premiers ingénieurs de l'Angleterre. C'est lui qui est l'auteur du chemin de fer de Liverpool à Manchester. Le fils de Stephenson est, comme son père, un ingénieur éminent.

RUMFORT

(Benjamin-Thompson, comte de), physicien philanthrope, né aux Etats-Unis en 1753, mort en 1814. — On lui doit l'invention des soupes économiques et des cheminées qui portent son nom, et des recherches sur la chaleur, ainsi qu'un calorimètre et un thermonope (instrument qui sert à mesurer les degrés de température des eaux minérales).

DESCARTES

(Réné), né à La Haye (Indre-et-Loire) en 1596, mort en 1650. — Célèbre mathématicien et philosophe; fut le fondateur de l'école de philosophie dite *cartésienne*, et qui est basée sur l'examen de la réflexion. Il mourut à Stockholm le 11 février 1650. Ses dernières paroles sont celles-ci : « Il est malheureux de mourir « trop connu des autres sans s'être connu soi-« même. » Aussi grand métaphysicien que géomètre, Descartes imprima aux sciences physiques un grand mouvement, et partagea cette gloire avec Bacon.

JACQUART

(Joseph-Marie), mécanicien de Lyon, né en 1752, mort en 1834. — A révolutionné l'industrie du tissage en simplifiant les machines et en inventant celle dite *métier à la Jacquart* pour tisser les étoffes brochées. Longtemps Lyon seul jouit de cette invention, qui lui donna une grande supériorité; depuis, elle a été appliquée dans toutes les villes manufacturières de l'Europe.

ROBERT FULTON

Ingénieur américain, né en 1765, mort en 1815. — A fait un grand nombre de découvertes utiles à l'industrie; mais la plus importante est celle des bateaux à vapeur. Aux premiers jours de l'Empire, les Français, occupés ailleurs par de nouvelles victoires, le traitèrent de visionnaire; il se rendit en Angleterre, où le désir de résister d'abord à une ancienne rivale devenue menaçante, puis de l'écraser ensuite, fit favorablement accueillir ses propositions. On sait aujourd'hui les services que rend cette invention.

GOBELIN

(Gilles), teinturier, né vers la fin du XVe siècle.— Fonda sous François Ier, avec son frère,
un établissement pour les teintures en laines,
établissement devenu européennement célèbre.
On lui doit la teinture en écarlate. Dans la
Manufacture des Gobelins, l'art d'égaler le pin-
ceau avec des fils de laine a été porté à la plus
haute perfection.

JEAN GOUJON

Sculpteur et architecte, né à Paris au commencement du XVIe siècle. — Regardé comme
le restaurateur de la sculpture en France. La
plus belle de ses statues est la Diane chasse-
resse. C'est à lui qu'on doit la fontaine des Innocents et une partie des bas-reliefs du Louvre.
Il fut tué le jour de la Saint-Barthélemy, en
1572, parce qu'il était protestant.

SAY

(Jean–Baptiste), économiste, auteur d'un grand nombre d'ouvrages sur l'économie politique, né à Lyon en 1767, mort à Paris en 1832.

HERSCHELL

(Frédéric–Guillaume), célébre astronome hanovrien, né en 1738, mort en 1822. — Quitta la musique pour s'adonner à l'astronomie. Il découvrit l'Anneau de Saturne, les montagnes de la Lune, la planète Uranus, la durée de la révolution de Saturne, et confectionna un grand nombre d'instruments astronomiques.

PRIMATICE

(François), statuaire et peintre italien, né d'une famille noble en 1490, mort en 1570.—

Il fut appelé en France par François Ier et nommé par Henri II intendant des bâtiments de la couronne. Primatice apporta d'Italie un grand nombre de statues et de bustes antiques qui ornent encore le musée du Louvre.

TORICELLI

(Evangelista), physicien, né en 1608, mort en 1647. — Enseigna les mathématiques à Florence, inventa le microscope, le baromètre, perfectionna les lunettes, etc. Il fut surpris par la mort à 39 ans, au milieu de ses belles expériences sur la pesanteur de l'air, dont Pascal sut approfondir la vérité.

CHRISTOPHE COLOMB

Le plus célèbre des navigateurs modernes, né en Piémont en 1441. — Après huit ans de sollicitations à la cour de Castille, il obtint d'Isabelle trois navires montés par 120 hommes

d'équipage, avec lesquels il mit à la voile le 3
août 1492. Au bout de trente-trois jours de navigation, Colomb découvrit la première île du
Nouveau-Monde. Il mourut à Valladolid, abreu-
vé de chagrins, en 1506.

ARAGO

(Dominique-François), membre de l'Académie des sciences, section de l'astronomie, est
né à Estagel, près de Perpignan, le 26 février
1786. — A 14 ans, il ne savait pas lire; à 20
ans, il était au premier rang parmi les savants
de l'Europe. Il contribua au travail relatif à la
recherche de la mesure de l'arc du méridien terrestre, qui a servi de base au nouveau système
métrique. Arrêté en Espagne durant la guerre,
il resta détenu à la forteresse de Rosen; pris,
pendant son retour, par un corsaire, il fut sur
le point d'être fusillé, et rentra en France pendant l'été de 1809. Il est le fondateur des *Annales de physique et de chimie*. Professeur de
géodésie et arithmétique sociale à l'Ecole poly-

technique, il est également membre du bureau des Longitudes à l'Observatoire. Il est assurément un des savants les plus distingués de l'Europe.

MONTHYON

(Antoine-Jean-Baptiste-Robert-Auguste, baron de), célèbre philanthrope, né en 1733, mort en 1820. — Suivit avec honneur la carrière de la magistrature. Héritier d'une fortune considérable, il en employa une grande partie à encourager les lettres et ceux qui les cultivent. En 1782, il fonda un prix de 1,200 fr. pour l'ouvrage que l'Académie française aurait trouvé le meilleur parmi ceux de l'année, et fonda le prix de vertu. La Convention ayant aboli ces fondations, M. de Monthyon les renouvela en 1816, un an après son retour en France : il avait suivi les Bourbons à l'étranger. Aujourd'hui les prix Monthyon sont au nombre de quatre, chacun de 10,000 fr. : deux donnés par l'Académie française, deux par l'Académie des sciences. Il a légué aux hospices une somme de près de 3,000,000 de francs. M. de Monthyon était un écrivain recommandable; il a laissé sur l'histoire et l'économie politique des écrits estimés.

VAUBAN

(Sébastien Leprestre de), ingénieur, né à Saint-Léger, près de Saulieu, en Bourgogne, en 1633, mort en 1767.— Il contribua aux siéges de Stenai, Clermont, Landrecies, Condé, Valenciennes, Montmédy, Ypres, Gravelines et Oudenarde; fut nommé maréchal de France en 1703, commissaire général des fortifications et gouverneur de la citadelle de Lille; dirigea le siége de Brisach, sous le commandement du duc de Bourgogne. On a de lui plusieurs écrits, entre autres un *Traité de l'attaque et de la défense des places*, un ouvrage sur *la Dîme royale*, *Les Oisivetés*, ou *Mélanges littéraires*.

BERTHOUD

(Ferdinand), habile horloger, né en 1727,
dans le comté de Neufchâtel, mort en 1807.—
Fut horloger mécanicien de la marine française
pour la construction et l'inspection des horloges à longitude, et membre de l'Institut. Ses
horloges marines, préférées à toutes les autres,
ont beaucoup contribué au perfectionnement de
la géographie.

CANOVA

(Antoine), né en 1757 à Fossagno, village
de l'État Vénitien, mort à Venise en 1822. —
Fut le rénovateur et le père de la sculpture moderne. Ses principales qualités étaient la grâce,
le fini de l'exécution, la fécondité, l'harmonie
des contours. Il exécuta le tombeau de Clé-
ment XIII : le pape est agenouillé et deux
lions gardent l'entréc du sépulcre. Il fit encore,

entre autres remarquables travaux, la statue de Pàris et la statue de la princesse Esterhazy.

PLINE

(Caius-Plinius-Secundus). — Porta les armes avec distinction ; composa une *Histoire naturelle* qui embrasse toutes les sciences, et qui est un des plus beaux monuments de l'antiquité. Périt l'an 79 de J.-C., dans la première éruption du Vésuve, dont il voulut observer de trop près les phénomènes. Son neveu, Pline le jeune, l'un des plus grands orateurs de son siècle, fut gouverneur du Pont et de la Bithynie, et mourut l'an 115 de J.-C.

VITRUVE

(Vitruvius-Pollio), architecte romain. — Florissait sous Auguste, et semble avoir vécu très longtemps. On a de lui un traité d'architecture très précieux, parce qu'il constate l'état

où en était l'architecture à Rome de son temps.
Cet ouvrage, plein d'érudition et de connaissances, a été traduit en plusieurs langues et est
consulté par tous les architectes.

PHIDIAS

Célèbre sculpteur athénien, né vers l'an 498
avant J.-C. — Il porta l'art de la statuaire au
plus haut degré. Sa statue de Minerve au Par-
thénon était un chef-d'œuvre, et son Jupiter
Olympien passa pour une des merveilles du
monde. Il mourut, comblé de gloire et de richesses, l'an 432.

APELLES

Contemporain d'Alexandre-le-Grand, peintre
de l'antiquité le plus célèbre. Parmi ses œuvres,
voici les plus remarquables :

La Vénus Anadyomène,
Le roi Antigone,

Un Ménandre roi de Carie,

Des Dioscures,

Alexandre et la Victoire,

Un cheval,

Un Néoptolème combattant les Perses,

Archéloüs avec sa femme,

Antigonus armé,

et les trois tableaux connus sous le nom de :
l'Éclair, le Tonnerre, la Foudre.

ARCHIMÈDE

Le plus grand et le plus célèbre géomètre de
l'antiquité, né à Syracuse 287 ans avant J.-C.
— Il est regardé comme l'inventeur de la *mécanique* et de l'*hydrostatique* ; il a établi la loi
de l'*équilibre des corps plongés dans un fluide*.
Tout le monde connaît la vis qui porte son
nom, ainsi que ses miroirs ardents. Lorsque
les Romains s'emparèrent de Syracuse, Mar-
cellus donna des ordres pour qu'on épargnât
Archimède ; mais on dit que celui-ci, absorbé
dans ses réflexions, ne s'aperçut pas de la prise

de la ville et fut tué par un soldat qui s'irrita de ne pouvoir obtenir aucune réponse. Archimède était âgé de 75 ans.

PHILIBERT DELORME

Architecte, né à Lyon, mort à Paris en 1577. — Travailla aux constructions de Fontainebleau; éleva les châteaux d'Anet et de Meudon, et donna les plans du château des Tuileries.

VAUCANSON

(Jacques de), mécanicien, né à Grenoble en 1709, mort en 1782. — Il était membre de l'Académie des sciences. Parmi ses automates, on cite un *homme qui jouait de la flûte* et qui exécutait dix airs différents, un *joueur d'échecs* et *deux canards* qui nageaient, prenaient leur nourriture, l'avalaient et la digéraient. On admire aussi l'*aspic automate* qu'il fit pour la représentation de *Cléopâtre*, de Marmontel.

Nommé inspecteur des manufactures de soie, il inventa la *chaîne sans fin* des moulins à *organsiner* (à tordre de la soie).

PERRONNET

(Jean-Rodolphe), directeur des ponts et chaussées de France, né à Suresnes en 1708, mort en 1794. — Se vit chargé, dès l'âge de 17 ans, de constructions importantes. En 1747, il fut nommé directeur de l'École des ponts et chaussées, qui venait d'être fondée. On lui doit treize ponts. Il est l'auteur du projet du canal de Bourgogne.

CHAPPE

(Claude), né en 1763, mort en 1805. — Est surtout connu pour avoir organisé les télégraphes. Il naquit dans le département de la Sarthe, à Brûlon. En 1792, il fut membre de la Société philomathique. Dès le 26 juillet 1793, Lakanal, au nom de la Commission, rendit compte des expériences faites sur la méthode proposée par le citoyen Chappe. Le résultat fut que la Convention lui accorda le titre d'INGÉ-NIEUR-TÉLÉGRAPHE aux appointements de lieutenant de génie. Napoléon tira de son invention un grand secours à Ulm, en 1805. Cependant, fatigué de tracasseries qui lui contestaient l'utilité et la nouveauté de son procédé, Chappe mourut à peine âgé de 42 ans.

PUGET

(Pierre), statuaire, né à Marseille en 1623, mort en 1694 dans sa ville natale. — Il fut surnommé le *Michel-Ange* de la France. Ses magnifiques groupes de Milon de Crotone et d'Andromède se trouvent à Versailles.

BERTHOLLET

(Louis), chimiste, né dans la Sarthe en 1748, mort en 1822. — Il a découvert la poudre fulminante et le procédé de désinfection au moyen du chlore. Il publia un très grand nombre d'ouvrages, dont le plus remarquable est la *Statique chimique*, qui aurait suffi pour l'illustrer. Il fut un des savants qui firent partie de l'expédition d'Égypte, et un des membres de l'Académie des sciences.

KEPLER

(Jean), astronome, né à Magstatt, petit village près de Weill, duché de Wurtemberg, en 1571, mort à Ratisbonne en 1630. — Parmi ses nombreux travaux on remarque sa *Physique céleste*, et l'astronomie moderne a ses bases tout entières placées sur les lois que Kepler a découvertes.

CONTÉ

(Nicolas-Jacques), né en 1755 près de Séez, mort à Paris en 1805. — Apprit dans son enfance la peinture sans maître ; il fut chargé de la direction d'une école d'aérostiers formée à Meudon. Envoyé en Égypte, il s'y rendit utile par une activité infatigable et créa des fabriques de tout genre pour l'armée qui manquait de tout. On lui doit les crayons dits de Conté.

JACQUES SARAZIN

Écrivain français, d'une imagination vive et brillante, d'un esprit souple qui le fit réussir dans tous les genres ; né en 1604, il fut secrétaire et favori du prince de Condé, et mourut en 1654. — On a de lui un volume de poésies diverses et des travaux historiques.

BLAISE PASCAL

Né en 1623, mort en 1662. — Fut un des premiers écrivains du siècle de Louis XIV. Ardent à l'étude des mathématiques, il composa dès l'âge de 16 ans un *Traité des sections coni-*

ques ; à 19 ans, il inventa la machine arithmétique qui porte son som ; à 23 ans, il répéta les expériences de Toricelli sur le vide. Sa piété augmentant avec sa science, il se retira à Port-Royal-des-Champs. C'est là qu'il écrivit, en 1656, ses fameuses *Lettres provinciales*, un des chefs-d'œuvre qui ont le plus contribué à fixer notre langue, et que les jésuites eurent le crédit de faire condamner. Il mourut à Paris après de longues souffrances.

L. LINNÉE

Célèbre naturaliste suédois, né en 1707 à Ræshult, mort en 1778. — Fils d'un curé de campagne, il était en apprentissage chez un cordonnier, lorsque, frappé de ses dispositions, un médecin le plaça à Upsal, auprès de Olaüs Rudbeck, professeur de botanique. Il fit un voyage en Laponie, étudia la médecine sous Boerhaave, visita l'Angleterre, la France, où il se lia avec Bernard de Jussieu. A son retour, il fut nommé à la chaire de botanique de l'Uni-

versité d'Upsal. qu'il occupa pendant 37 ans. On
lui doit la classification qu'il fonda sur les or-
ganes sexuels, laquelle est remplacée aujour-
d'hui avantageusement par la méthode naturelle de Jussieu. Ses principaux ouvrages sont :

Système de la nature,
Fondements de botanique,
Bibliothèque botanique,
Classification des plantes,
Philosophie botanique.

BORDA

(Jean-Charles), mathématicien, membre de
l'Académie des sciences, né en 1733, mort
en 1799. — Il inventa le cercle de réflexion
qui porte son nom, la méthode des doubles
pesées, et fit plusieurs découvertes sur le ma-
gnétisme terrestre et l'hydrographie. Il fonda
les écoles de construction navale, et est aussi
l'un des auteurs du système métrique. Destiné
d'abord au barreau, il passa dans le génie militaire, puis dans la marine, durant la campagne du comte d'Estaing en Amérique.

G.-R. PRONY

(Gaspard-Riche, baron de), ingénieur et mathématicien, membre de l'Académie des sciences, né en 1755 à Chamelet, mort en 1839 près de Lyon.

J. COUSIN

(Jean), peintre, sculpteur, architecte, graveur et anatomiste, né à Soucy en 1530, mort en 1589. — Il s'adonna particulièrement à la peinture sur verre. On lui doit les monuments tumulaires de Charles-Quint, de Philippe de Chabot, de Diane de Poitiers. On doit citer de lui, en peinture, son Jugement Dernier, que l'on voit au Musée. Anet, Vincennes, Sens, possèdent ses peintures sur verre. Enfin, charmant dans ses compositions de sculpture en ivoire, son œuvre la plus remarquable en ce dernier genre est un saint Sébastien de 15 pouces de haut, que l'on voyait aux Petits-Augustins.

C. PERRAULT

(Claude), architecte, membre de l'Académie des sciences, né à Paris en 1613, mort en 1688. — Il s'est immortalisé par l'achèvement du Louvre et la construction de cette belle colonnade que l'on regarde comme un des chefs-d'œuvre de l'architecture française. C'est à son frère Charles Perrault, qui fut premier commis de la surintendance des bâtiments du roi, que l'on doit les *Contes des Fées*. Charles Perrault mourut en 1703.

PARMENTIER

(Antoine-Augustin), agronome, né à Mont-didier en 1737, mort en 1814. — Quitta la pharmacie pour se livrer à l'étude des plantes alimentaires. La boulangerie, la mouture économique, le maïs, la châtaigne, l'eau, le lait, le vin, le sirop de raisin, devinrent tour à tour l'objet de ses recherches. On donna à la pomme de terre le nom de *parmentière*, en son honneur, parce que ce fut lui qui propagea la culture de ce tubercule, et qui en démontra la salubrité comme aliment.

DARCET

(Jean), médecin et chimiste, né à Donazit en 1725, mort en 1801. — Fut membre de l'Institut et du Sénat. Son fils, Jean-Pierre Darcet, s'est signalé dans l'application de la chimie aux arts, et est mort en 1844.

CALLOT

(Jacques), né à Nancy en 1592. Peintre, dessinateur, graveur. — Son style est à la fois facile et burlesque, et ses types sont un mélange de réalité et de fantaisie. Il mourut en 1638.

ADAM SMITH

Économiste moderne, né à Kirkaldy, en Écosse, en 1723. — Il ne fut étranger à aucune branche des connaissances humaines. Son ouvrage fameux, intitulé : *Recherches sur la nature et les causes des richesses des nations*, est devenu classique en France et en Angleterre. — Mort en 1790.

BERNARD DE PALISSY

Potier de terre, né dans l'Agénois en 1500, mort en 1589.— Découvrit le secret de l'émail dont on se servait en Italie pour faire des ouvrages de faïence, et fabriqua des poteries qui furent recherchées par toute la France.

J. D. CASSINI

(Jacques-Dominique), ingénieur et astronome, à qui la science dut les plus grands progrès. Né dans le comté de Nice le 8 juin 1625, mort à Paris le 14 septembre 1712.

JACQUES DE BROSSE

Architecte de Marie de Médicis. — Bâtit le Luxembourg, à Paris, par les ordres de cette reine, en 1615. On lui doit également l'aqueduc d'Arcueil et le portail de Saint-Gervais.

RICARDO

(David), économiste anglais, né à Londres en 1772, mort en 1823. — Il fut longtemps l'oracle des économistes. Il recommande surtout l'emploi du papier-monnaie, et fonde la valeur des marchandises sur la quantité de travail nécessaire pour les produire.

DELESSERT

(Benjamin). Cet homme de bien est né en
1773, à Lyon, d'une famille protestante. — Ce
fut pour lui que J.-J. Rousseau écrivit ses
Lettres sur la Botanique. En 1784, il fit un
voyage d'études en Angleterre, et, quand il re-
vint, il entra comme volontaire, en 1790, dans
un régiment d'artillerie, où il fut bientôt capi-
taine. Il se trouva aux siéges d'Ypres, Maubeuge,
Anvers, et se distingua par son courage. A son
retour il commença cette carrière qui devait, à
29 ans, le faire nommer régent de la Banque
de France. En 1818 il fonda la Caisse d'épargne.
Enfin, après une vie dont l'Académie de Lyon a
couronné l'éloge écrit par M. Cap, il fut enlevé,
à l'âge de 74 ans, à sa famille, aux savants,
aux malheureux, le 1ᵉʳ mars 1847.

F. LEBLANC.

Ingénieur auquel on doit l'admirable pont de la Roche-Bernard, commencé le 1er juillet 1835, terminé en 1839, ayant coûté une dépense totale de 1,127,000 fr. environ. — M. Leblanc est ingénieur en chef des ponts et chaussées.

COUSTOU

(Nicolas), statuaire français, né à Lyon en 1658, mort en 1733. — Décora Paris, Versailles et Marly de plusieurs morceaux précieux. Élève de Coysevox, il dépassa grandement son maître. C'est à son frère Guillaume Coustou que l'on doit les deux beaux groupes qui sont placés à l'entrée des Champs-Élysées, et qui font pendant à ceux de Coysevox.

CIMABUÉ

(Giovanni), peintre et architecte, né à Florence en 1240. — Est considéré comme le restaurateur de la peinture au moyen âge. Il cultivait également avec succès la peinture sur verre, la fresque et l'architecture; il mourut en 1310. Le Musée royal possède deux tableaux de Cimabué : *la Vierge et les Anges* et *la Vierge et l'Enfant-Jésus.*

VOLTA

(Alexandre), physicien célèbre par l'invention du fameux appareil électro-moteur connu sous le nom de *pile de Volta*; né à Côme le 18 février 1745, mort le 6 mars 1826. — Il fut nommé professeur de physique à l'École royale de Côme et y resta jusqu'en 1779. De là il fut nommé à Pavie, et en 1819 seulement il put, la volonté de l'empereur Napoléon s'opposant jusqu'au dernier moment de son règne au départ de Volta, quitter ses fonctions. Il mourut, après quelques atteintes d'apoplexie, âgé de 82 ans et 15 jours.

HUMPHRY DAVY

L'un des premiers chimistes de l'Angleterre, né en 1778 dans le comté de Cornouailles, mort en 1829. — Inventa la lampe de sûreté pour les mineurs et découvrit le potassium, le sodium, le barium, le strontium et le calcium, en 1807.

GASPARD MONGE

Mathématicien, né en 1746, mort en 1818.— Fut le créateur de la géométrie descriptive et le principal fondateur de l'École polytechnique. Il fut ministre de la marine de 1792 à 1793. Il fit partie de l'expédition d'Égypte avec Berthollet, et présida depuis à la publication du bel ouvrage sur cette contrée. Napoléon le nomma sénateur et le combla d'honneurs ; il perdit tout à la Restauration. On lui doit une foule de savants mémoires et un grand nombre d'ouvrages fort estimés.

BERNINI

(Jean-Laurent), connu en France sous le nom de *Cavalier Bernin*, naquit en 1598. — Ce sculpteur, dont la précocité fut un malheur pour les arts, sculpta, à l'âge de 8 ans, une tête en marbre. Bernin fut appelé aux cours des plus grands souverains de l'Europe. Louis XIV seul fut heureux de posséder Bernin, et le lui témoigna par l'ordre qu'il donna à Varin de frapper une médaille, avec cette légende : « *Singularis in singulis, in omnibus unicus.* » Bernin, comblé d'honneurs, retourna à Rome, où il mourut le 28 novembre 1680. On lui doit la place Saint-Pierre, la place Navone, le baldaquin de bronze de Saint-Pierre, et le palais et la fontaine Barberini.

FAÇADE SUD

NICOLAS POUSSIN

Est né aux Andelys (département de l'Eure) en 1594, et est mort à Rome en 1665. — Poussin était de son temps le plus grand peintre de l'Europe. Il a surtout excellé dans la peinture des tableaux avec paysage. Ses œuvres les plus remarquables sont : *Les sept Sacrements, Les Bergers de l'Arcadie, La Femme adultère, Eurydice, L'Echo, Pyrame et Thisbé,* plusieurs *Madones* et *Saintes-Familles,* etc., etc.

FRANÇOIS DE NEUFCHATEAU

Né le 17 avril 1750 à Neufchâteau, en Lorraine. — Il fit ses études chez les Jésuites. En 1776, il fut lieutenant général civil et criminel au bailliage de Mirecourt, et en 1783 procureur général à Saint-Domingue. En 1795, appelé aux fonctions de commissaire du Directoire, il les exerça pendant un an. Après le 18 brumaire, il fut fait sénateur, et en 1805 reçut le grand cordon de la Légion-d'Honneur. Parmi les livres les plus remarquables qu'il fit publier, on cite l'*Anthologie morale*, à la date de 1784. Il est mort le 10 janvier 1828.

G. L. TERNAUX

Célèbre industriel, né à Sédan en 1765, mort en 1833.—Il perfectionna le tissage des laines, introduisit les chèvres du Thibet en France, avec la fabrication des cachemires. Il a donné son nom au châles de cachemire fabriqués par sa maison de commerce à l'imitation de ceux des Indes. Il est le premier qui ait assoupli le dessin, tout en gardant le style, des châles indiens.

PINSON

Né en 1746. — Anatomiste distingué qui réunissait à une rare connaissance de l'anatomie l'art de modeler en cire et de colorier les parties du corps humain les plus difficiles à représenter. Nommé chirurgien major en 1772, attaché en 1794 à l'École de médecine, il représenta plus de 200 morceaux d'anatomie, plus une collection de 550 espèces de champignons en cire, que le roi acheta en 1825 pour le Muséum. Pinson est mort en 1828, à l'âge de 82 ans.

DAUBENTON

(Jean-Louis-Marie), naturaliste, compatriote et ami de Buffon, qui l'associa à ses travaux, naquit à Montbard en 1716, et mourut en 1799 à Paris. On lui doit l'importation et l'extension du commerce des mérinos, que ses études lui permirent d'apprécier et d'en faire un des principaux vêtements d'Europe.

SUGER

Abbé de Saint-Denis. — Un des hommes les plus instruits de son siècle. Fut nommé régent du royaume pendant la croisade de Louis VII, gouverna les États avec zèle, sagesse et la plus stricte économie. Il avait en vain détourné le roi d'entreprendre de nouvelles croisades. Il naquit en 1087 et mourut en 1152.

AMPÈRE

(André-Marie), naquit à Polémieux, près de Lyon, en 1775. — Fut successivement professeur de mathématiques et de physique à Bourg et à Lyon, répétiteur d'analyse à l'École polytechnique, professeur de physique au Collége de France, enfin inspecteur général de l'Université. Il avait été admis à l'Institut en 1814. Il mourut en 1830.

DE SAUSSURE

(Horace-Bénédict), savant physicien et grand géologue, né à Genève en 1740.— Était fils de Nicolas de Saussure, qui était lui-même un agronome distingué. Il obtint à 21 ans la chaire de physique et de philosophie à Genève, et l'occupa avec une grande réputation pendant 25 ans. Sa mort eut lieu en 1799.

V. HAUY

L'abbé Haüy, minéralogiste, né en 1743 au bourg de Saint-Just (Oise), mort en 1822. — Créateur de la science cristallographique en 1781, il se voua dès ce moment à l'étude de la nature. Il fut nommé professeur adjoint de bo-

tanique au Jardin-des-Plantes, puis conserva-
teur du cabinet des mines en 1794 ; enfin professeur de minéralogie au Muséum d'histoire
naturelle. En 1802, son frère, Valentin Haüy,
né en 1745 à Saint-Just, mort également en
1822, fonda l'institution des Jeunes-Aveugles,
et créa une méthode pour les instruire. Cette
méthode consistait à remplacer les lignes visi-
bles par des signes en relief que le doigt peut
apprécier. On a de ce philanthrope un *Essai sur
l'éducation des aveugles*.

GASSENDI

(Pierre), grand philosophe et grand physicien, né le 22 janvier 1592 à Champercier, près
de Digne, mourut à Paris le 14 octobre 1655.
— Il forma pour ainsi dire le point de jonction
où se réunissent les idées de Bacon et celles de
Galilée, et fut en France le précurseur de Locke
et de Condillac.

RUBENS

(Pierre-Paul), peintre de l'École flamande, né à Cologne en 1577, mort en 1640. — Il fut comblé d'honneurs par l'archiduc Albert, gouverneur des Pays-Bas, et employé à diverses missions diplomatiques. Il excella dans tous les genres et peignit avec un égal succès l'histoire, le portrait, le paysage, les fleurs, les animaux. Sa facilité tenait du prodige. Le nombre de ses ouvrages reproduits par la gravure est de plus de 1,500.

RICHELIEU

(Armand-Jean Duplessis, duc de), célèbre ministre du roi Louis XIII, né à Paris en 1585, mort en 1642. — Évêque de Luçon en 1607, malgré son extrême jeunesse, il avança rapidement à la cour par la faveur de la marquise de Guercheville et du maréchal d'Ancre. Marie de

Médicis le fit son grand aumônier et secrétaire d'État en 1616. Exilé l'année suivante et rappelé en 1619, il ménagea un accommodement entre le roi et sa mère, et reçut en récompense le chapeau de cardinal. Entré au conseil en 1623, son pouvoir dès lors n'eut plus de bornes. Il remua la France à sa volonté. Sa politique est renfermée tout entière dans les trois buts suivants : 1° affermissement du pouvoir royal par l'affaiblissement de la noblesse ; 2° soumission des protestants ; 3° abaissement de la maison d'Autriche. Richelieu aimait et favorisait les lettres. On lui doit la création de l'Académie française.

BRUNEL

Ingénieur français, constructeur du tunnel de Londres, naquit à Hacqueville, près des Andelys. — C'est à lui qu'on doit la machine à poulies qui rapporta une économie, dans la fabrication des poulies, de 50,000 livres sterling la première année. En 1826, Brunel a été nommé correspondant de l'Institut. Il est mort en 1840.

DE JUSSIEU

Nom glorieux porté par des hommes de haute science. — Antoine de Jussieu, né à Lyon en 1686, mort en 1758, membre de l'Académie de médecine et de l'Académie des sciences. — Rapporta d'Espagne, du Portugal, du Midi de la France, de nombreuses richesses végétales. — Ses frères, Bernard et Joseph de Jussieu, et Antoine de Jussieu, leur neveu, furent ingénieur, naturaliste, médecin. — Bernard de Jussieu rapporta du Liban le cèdre du Jardin-des-Plantes, pendant que Joseph mesurait un arc du méridien au Pérou, en 1735, et parcourut toute l'Amérique méridionale. — Antoine de Jussieu, mort en 1836, publia en 1789 un remarquable ouvrage, intitulé : *Genera plantarum.*

ESTIENNE

(Robert et Henri), typographes distingués. Robert naquit à Paris en 1503. — Monta une imprimerie et publia un *Thesaurus linguæ latinæ* en 1532. Adonnés tous les deux à la Réforme, les deux frères furent persécutés. Robert se retira à Genève et y mourut en 1559. Son fils Henri se ruina dans une seconde édition du *Thesaurus*, et mourut fou, à l'hôpital de Lyon, en 1598. Cette famille fut du reste féconde en hautes intelligences. Les derniers rejetons en sont encore, à l'heure qu'il est, dignes de leurs ancêtres. Qu'il nous soit permis d'insérer quelques vers fort curieux et rares de Ronsard.

> Verse donc et reverse encor
> Dedans cette grand coupe d'or :
> Je vais boire à Henry Estienne,
> Qui des enfers nous a rendu
> Du vieil Anacréon perdu
> La double lyre Teïenne.
>
> RONSARD.

ROGER BACON

Né à Ilchester, comté de Sommerset ; étudia à Oxford et à Paris.—Philosophe, mathématicien et astronome distingué, il étendit sa réputation dans le monde savant, et nous a laissé plusieurs ouvrages écrits en latin. Son plus remarquable est le grand ouvrage divisé en six parties qui sont autant de *Traités*. On lui attribue l'invention de la poudre à canon, bien qu'il en parle lui-même comme d'une chose anciennement connue. Ses contemporains le surnommèrent le *Docteur admirable*.

TURGOT

(Anne-Jacques-Robert), grand littérateur, philosophe et homme d'État. Turgot naquit à Paris en 1727, et y mourut en 1781. — Il se fit une grande réputation par ses ouvrages sur l'économie politique, et entretint des relations avec les grands philosophes de son époque. En 1771 intendant de la généralité de Limoges, il fut successivement ministre de la marine, contrôleur général des finances, sous Louis XVI.

ARIGHETTI

Gentilhomme florentin, né en 1582, fut nommé par Urbain VIII chanoine-pénitencier de la cathédrale de Florence en 1655. — Ce célèbre membre de l'Académie florentine et de celle des Alterati n'a rien publié, mais a laissé divers manuscrits dont la haute utilité peut être facilement démontrée par la liste qu'en a faite Negri, et parmi lesquels on trouve : *Istoria degli Scrittori Fiorentini;* la *Retorica d'Aristotele*, expliquée en 56 leçons ; *Piacere, Riso, Ingegno è Onore*, quatre discours récités dans l'Académie de Pise ; *Sermoni sacri volgari è latini*, etc., etc., etc. Il mourut le 27 novembre 1662.

LES ELZEVIER

Imprimeurs célèbres du XVIe et du XVIIe siècle. — Tous de la même famille et établis à Amsterdam et à Leyde, ils se sont immortalisés par les splendides éditions sorties de leurs presses.

STRADIVARIUS

(Antoine), le plus célèbre luthier qui ait existé ; né à Crémone en 1708, mort en 1734. — Ses altos, ses violoncelles, ses basses, mais surtout ses violons, sont très recherchés.

DUCERCEAU

(Jacques Androuet), architecte, naquit à Orléans dans le commencement du XVIe siècle. — Il eut pour professeur Étienne Daulne, orfévre et graveur orléanais, et se fit promptement connaître par la publication d'ouvrages de gravure contenant des perspectives, des ornements, etc. Il fit un voyage à Rome en 1586, et publia un volume des édifices antiques de cette ville. Ducerceau mourut en 1592 à Turin.

SALOMON DE CAUS

Célèbre ingénieur et architecte français, mort vers 1635. — Le peu que l'on sache de sa vie est ce qu'il nous apprend lui-même dans les dédicaces en tête de ses ouvrages. En 1612, on le trouve à Londres; de 1614 à 1620, il vécut à Heidelberg; en 1624, il rentra en France, où il prit la qualification d'*architecte du roy*. Quant à son emprisonnement comme fou à Bicêtre, ce conte est dénué de tout fondement historique. Son principal ouvrage a pour titre : *Les Raisons des Forces mouvantes*, dans lequel il expose le théorème de l'*expansion et condensation de la vapeur*.

FRANKLIN

(Benjamin), né à Boston, en Amérique, en 1706, fut célèbre par l'invention du paratonnerre et son *Almanach du bonhomme Richard*. Nommé gouverneur de Pensylvanie en 1787, il mourut en 1790, regretté comme savant et comme homme de bien.

DE DOMBASLE

(Mathieu), agronome, né à Nancy en 1777. — Ses études furent constamment dirigées vers les sciences économiques. En 1822, il fut chargé de la direction d'une ferme modèle à Roville. Membre correspondant de l'Institut, officier de la Légion-d'Honneur, président honoraire de la Société d'agriculture de Nancy, M. de Dombasle mourut à Paris en 1843, âgé de 70 ans.

MONTGOLFIER

(Jacques-Étienne), né en 1740. — Inventa le papier vélin. Il simplifia également la fabrication du papier ordinaire, améliora celle du papier peint, et inventa le bélier hydraulique. Il est principalement connu pour la magnifique découverte de l'aérostat, premier pas d'une grande science. Il mourut en 1799. Son frère Joseph-Michel, né en 1745, mort en 1810, fut nommé membre de l'Institut et administrateur du Conservatoire des arts et métiers. Il seconda son frère dans toutes ses recherches scientifiques.

OBERKAMPF

(Christophe-Philippe), fondateur de l'industrie des toiles peintes et de la filature de coton en France. Né le 11 juin 1738 à Weissembach, margraviat d'Anspach, mort à Paris le 4 octobre 1815.

OLIVIER DE SERRES

Frère aîné de Jean de Serres ; il naquit en
1539. — Agronome célèbre, il peut être regardé comme le père de l'agriculture en France.
On lui doit l'ouvrage du *Théâtre de l'agriculture et ménage des champs*.

RÉAUMUR

(Réné-Antoine Ferchaut de), l'un des plus
ingénieux physiciens et naturalistes français ;
naquit à La Rochelle en 1683, et mourut en
1757. Il fut membre de l'Académie des sciences et de plusieurs autres sociétés savantes. Il
eut le premier l'idée de la fabrication des étoffes de verre et de caoutchouc, et fit de nombreux travaux sur la fabrication de l'acier. Il
est le créateur du thermomètre qui porte son
nom ; ce thermomètre, ainsi que le thermomètre
centigrade, a pour unité de mesure l'espace

compris entre la glace fondante et la température de l'eau bouillante; mais il est divisé en 80 degrés, le thermomètre centigrade en 100, et celui de Farenheit en 212.

BELL

(André), né en 1753. — Il fonda l'enseignement mutuel non-seulement en France, bien que les Anglais aient essayé de s'en attribuer la priorité, mais encore en Europe. Il est vrai que Lancaster, maître d'école à Londres, adopta, aussitôt qu'il la connut, la méthode nouvelle, et voulut passer pour le fondateur de cet admirable enseignement. Cela est peu acceptable au point de vue simplement chronologique : car, dès le XVIIe siècle, quelques tentatives en furent faites en France. La mère de cette fraternité intellectuelle est encore l'Inde, où elle s'exerce depuis un temps immémorial. André Bell mourut en 1832.

ÉRARD

(Sébastien), célèbre facteur de pianos et de harpes, né à Strasbourg en 1752, mort à Paris en 1831.

A.-J. FRESNEL

Natif de Broglie (Eure), mort à 40 ans. — S'est illustré par ses découvertes sur la lumière. Peu de jours avant sa mort, en 1827, M. Arago lui porta la médaille instituée par le comte de Rumfort pour la plus belle découverte sur la théorie de la chaleur et de la lumière. Fresnel a inventé pour les phares un système d'optique qui est adopté dans toute l'Europe.

GAMBEY

(Henri), constructeur d'instruments de précision, naquit en 1800. — La géométrie, la chimie, la mécanique, lui furent familières de bonne heure. Il fut membre de l'Académie des sciences. On lui doit une *lunette des passages*, un *cercle mural méridien* de deux mètres de diamètre. Il mourut le 29 janvier 1847.

SAVART

Né à Mézières le 30 juin 1791, physicien et chimiste. — Il fut d'abord médecin et chirurgien dans le génie; libéré du service en 1814, il fut reçu médecin; mais bientôt ses goûts le portèrent vers la physique. On lui doit des connaissances approfondies sur les vibrations sonores. Nous citerons encore ses recherches sur la polarisation. Toutes ces connaissances sont consignées dans ses Annales, publiées à diverses époques, et dont les plus récentes sont datées de 1829.

ADANSON

(Michel), né à Aix en Provence le 7 avril 1727, célèbre et profond naturaliste, dont les œuvres manuscrites sont déposées à la Bibliothèque impériale.

BODONI

(Jean-Baptiste), imprimeur italien, né à Saluce le 16 février 1740, mort à Parme le 30 novembre 1813. — Fut chevalier de l'ordre de la Réunion et de celui des Deux-Siciles. Toutes les éditions qui sont sorties de ses presses sont très recherchées.

PERRIER

(François), peintre et graveur, né à Saint-Jean-de-Lône l'an 1590. — Se fit un nom par son goût exquis, et fut employé à Paris chez Vouet, qui le mit en réputation. Il devint professeur de l'Académie. Il mourut en 1650.

SULLY

(Maximilien de Béthune, baron de Rosny, duc de), né à Rosny en 1559, d'une famille protestante. — Échappé comme par miracle aux massacres de la Saint-Barthélemy, s'attacha au parti du roi de Navarre et le servit puissamment de son bras et de son extrême habileté dans les négociations. En 1594, il fut nommé secrétaire d'État, mit de l'ordre dans les finances, corrigea les abus, augmenta les ressources du gouvernement, et mourut en 1641, laissant des *Mémoires*.

FERMAT

(Pierre de), né à Toulouse en 1595, mort en 1665. — Ce célèbre géomètre fut conseiller au Parlement. Il entretint des correspondances avec Descartes, Pascal, Toricelli, Huyghens, etc. C'est dans ces épîtres et ces quelques opuscules seulement que l'on peut retrouver les découvertes qui ont illustré son nom. Il précéda les géomètres et les mathématiciens dans les résolutions les plus étonnantes de problèmes qui arrêtaient l'essor des mathématiques, et permit aux sciences de suivre une marche ascendante.

GHIBERTI

(Laurent), statuaire et fondeur florentin, né en 1378, mort vers 1455. — On lui doit ces magnifiques portes du baptistère de Florence, dont Michel-Ange a dit qu'elles étaient dignes d'orner l'entrée du Paradis.

STAHL

(Georges-Ernest), médecin, auteur de nombreux ouvrages de médecine et de chimie; né à

Anspach en 1660, mort en 1734 à Berlin. — Stahl fut l'auteur de la célèbre théorie du phlogistique, que la chimie moderne a renversée.

DE MONTEREAU

(Pierre), architecte. — Il a donné les dessins de la Sainte-Chapelle de Paris, de la chapelle de Vincennes et de la chapelle de Notre-Dame dans le monastère de Saint-Germain-des-Prés. Il mourut, suivant les uns, l'an 1266, selon d'autres en 1289. Il fut enterré dans l'église de Saint-Germain-des-Prés.

VAILLANT

(Jean-Foi), numismate, né en 1632 à Beauvais, mort en 1706. — Nommé membre de l'Académie des inscriptions dès l'origine de ce corps savant, on lui doit un grand nombre d'ouvrages de numismatique.

VIETE

(François), mathématicien français, né en 1540, mort en 1603. — Fit faire de grands progrès à l'analyse mathématique, eut la première idée de l'application de l'algèbre à la géométrie, et résolut les problèmes les plus difficiles avec une facilité qui le faisait passer, auprès des ignorants, pour un sorcier.

PÀRIS

(François), célèbre diacre, né à Paris en 1690. — Consuma sa fortune en œuvres de charité, et mourut en 1727; les jansénistes prétendirent qu'il opérait des miracles sur sa tombe. L'enthousiasme et l'imagination s'en mêlèrent, et les scènes extravagantes des convulsionnaires furent telles que le gouvernement fit fermer le cimetière de Saint-Médard.

SENEFELDER

(Aloïs), Allemand qui inventa la lithographie en 1808. Il mourut fort riche, en 1834, après avoir passé par la plus grande misère dans sa jeunesse.

RICHARD LENOIR

Naquit à Épinay-sur-Odon, près de Villers-Bocage (Calvados), le 16 avril 1765. — En 1789 il avait 24 ans, du courage et le goût des spéculations commerciales. Il entra en relations avec Lenoir Dufresne en 1797, et leurs deux noms, accolés d'abord par la raison sociale, devinrent un seul et même nom. Ils traversèrent les crises si terribles de la filature en France avec cette droiture de jugement et cette intégrité de conduite qui firent de Richard Lenoir, d'Anquetil, de Lépicier, les prototypes d'une noblesse commerciale. L'Empe-

reur Napoléon Ier les aida d'un prêt de deux
millions.

Richard Lenoir mourut à Paris, âgé de **78**
ans, en 1840. Plus de deux mille ouvriers es-
cortèrent jusqu'à son dernier asile le créateur
de quarante filatures.

JACQUES CŒUR

Fils d'un orfévre de Bourges. — Acquit une
fortune immense par le commerce, et fut nommé
argentier de Charles VII. Forcé de quitter la
France par les injustices de la cour, il mourut
à Chio en 1461. De sa richesse vient ce pro-
verbe : « A cœur vaillant rien d'impossible. »

BREGUET

(Abraham-Louis), l'un des plus célèbres hor-
logers de notre siècle, né à Neufchâtel, en
Suisse, en 1747, mort à Paris en 1823. —
Breguet a rendu à l'astronomie, à la physique

et à la navigation des services inappréciables. Il fut membre du Bureau des longitudes, puis de l'Institut, où il remplaça Carnot.

LAGRANGE

(Joseph-Louis), géomètre, auteur d'une *Méthode de variations*, d'une *Mécanique analytique* et d'une *Théorie des fonctions*. Est né à Turin en 1736, de parents français, et mort en 1833.

LEBRUN

(Charles), peintre, né à Paris en 1619, mort en 1690. — Alla se former à Rome, où il eut pour maître le Poussin. Il a fait les peintures de la grande galerie de Versailles.

SICARD

(Roch-Ambroise Cucurron, abbé), né en 1742 à Fausseret, près de Muret (Haute-Garonne). — Embrassa l'état ecclésiastique et se consacra à l'enseignement des sourds-muets, d'abord à Bordeaux, puis à Paris, où il fut le successeur de l'abbé de l'Épée. Il mourut en 1822.

LAPLACE

(Pierre-Simon, marquis), profond géomètre, né en 1749 à Beaumont-en-Auge, mort en 1827. — Fut, dès l'âge de 19 ans, professeur de mathématiques dans une école militaire, devint examinateur de l'École d'artillerie, fut professeur aux écoles normales et membre de l'Institut à sa fondation.

HARVEY

(Guillaume), médecin anglais, né à Folk-stone en 1578. — On lui doit un grand nombre de découvertes en anatomie et en physiologie. La plus importante est celle par laquelle il détermina, en 1619, les lois de la circulation, et qu'il fit connaître dans un Traité publié en 1628. Il mourut à Londres en 1658.

SHEELE

(Charles-Guillaume), un des créateurs de la chimie moderne, né le 19 décembre 1742 à Stralsund. — En 1775, il fut employé dans diverses pharmacies de Stockolm et d'Upsal. Il est le premier qui ait donné tant des notions que des connaissances approfondies sur l'oxygène, le chlore, le molybdène, le soufre et différents acides. Il mourut le 24 mai 1786, à l'âge de 44 ans.

COPERNIC

(Nicolas), astronome, né à Thurm, en Prusse, en 1473. — Voyagea quelque temps en Europe et s'arrêta à Rome, où il professa les mathématiques. Immortalisé par la publication du système astronomique auquel il a donné son nom, il mourut en 1543.

NANTEUIL

(Robert), graveur de portraits, né en 1630, mort en 1678. Il avait autant de facilité que de talent. Il exécuta pour les libraires beaucoup de portraits d'auteur.

DUMONT D'URVILLE

(Jules-Sébastien-César), navigateur français et contre-amiral. — Fit deux fois le tour du monde, se distingua par ses connaissances en hydrographie et en histoire naturelle. Il périt malheureusement, avec sa femme et son fils, le 8 mai 1844, dans la catastrophe arrivée sur le chemin de fer de Paris à Versailles (rive gauche).

PRIESTLEY

(Joseph), chimiste et physicien, né en 1733 dans le Yorkshire, mort à Washington, en Amérique, en 1804. — Avait reçu de la Convention nationale le titre de citoyen français. Il fut fondateur de la chimie pneumatique.

GUY DE LA BROSSE

Botaniste, médecin de Louis XIII. — A donné au roi le terrain du Jardin-des-Plantes, et fut lui-même le premier intendant de cet établissement. Mort en 1641.

DELAMBRE

(Jean-Baptiste-Joseph), astronome, né à Amiens en 1749, mort en 1822. — Par un décret du 28 novembre 1809, l'Empereur Napoléon institua divers prix, parmi lesquels se trouvait celui décerné « *à l'auteur de l'ouvrage qui fera l'application la plus utile et la plus heureuse des principes des sciences mathématiques ou physiques à la pratique* ». Ce fut Delambre qui l'obtint.

VASARI

(Georges), peintre, architecte et écrivain italien, né en 1512 à Arezzo, mort en 1574. — Connu surtout par sa *Vie des Peintres illustres*. Le musée du Louvre possède deux de ses tableaux : *l'Annonciation* et *la Passion de Jésus-Christ*.

PARÉ

(Ambroise), chirurgien, né à Laval en 1518, mort en 1590. — Il est regardé comme le père de la chirurgie française ; c'était le premier opérateur de son temps. Charles IX, dont il avait sauvé les jours, gravement compromis par une blessure, le sauva à son tour du massacre de la Saint-Barthélemy en le cachant dans sa chambre.

TOURNEFORT

(Joseph Pitton de), botaniste, né à Aix en 1656, mort en 1708. — Est un des restaurateurs de la botanique. On lui doit une classification méthodique des genres et des espèces.

ABEILARD

Moine, philosophe, théologien, né en 1079 dans le bourg du Palais, près de Nantes, mort en 1142 dans l'abbaye de Saint-Marcel, près de Châlon-sur-Saône. L'étendue de son savoir, ses leçons, ses controverses avec Guillaume de Champeaux, son maître, et avec saint Bernard, au concile de Châlons; ses amours avec la belle Héloïse et l'horrible mutilation

qui en fut la suite, l'ont rendu diversement célèbre.

LACAILLE

(Nicolas-Louis), astronome, né en 1713 à
Rumigny (Ardennes).—Fit, en 21 ans à peine,
plus d'observations et de calculs à lui seul que
tous ses contemporains réunis. Il mourut en
1763. On a de lui un grand nombre d'ouvrages
estimés ; parmi eux l'on cite des *Mémoires*, des
Leçons élémentaires de mathématiques, *Leçons
d'astronomie*, *Tables de logarithmes*, *Nouveau
Traité de navigation*, etc., etc.

HARTMANN

(Jean-Adolphe) naquit à Munster en 1680.
— Après avoir été jésuite, il se fit calviniste à
Cassel en 1715, et devint peu après professeur de philosophie et de poésie. Il fut fait, en
1722, professeur d'histoire et d'éloquence à

Marburg, où il mourut en 1744. Ses ouvrages les plus connus sont : *État des sciences dans la Hesse* et les *Vies de quelques papes*, livre curieux parce qu'il fut écrit par un apostat.

KIRCHBERGER

(Nicolas–Antoine), baron de Liebistorf, philosophe suisse, né à Berne le 13 janvier 1739. — Il prononça, en 1765, un discours en l'honneur des habitants de Soleure, qui, en 1318, défendirent leur ville contre Léopold Ier, duc d'Autriche Il était en relations avec J.-J. Rousseau. Il parvint dans sa patrie aux charges les plus importantes. Il mourut en 1800.

LEREBOURS

Opticien, né à Mortain en 1762, mort à Paris en 1840. — On lui doit les meilleures lunettes de l'Observatoire et un grand nombre d'instruments de la plus grande précision.

LEVEAU

(Louis), architecte, naquit en 1612 et mourut en 1670. — Il construisit le château de Vaux, le Rainci pour Fouquet, les hôtels Lambert, de Pons, de Lionne, et deux ailes du château de Vincennes.

PRADIER

(James), statuaire, membre de l'Académie des Beaux-Arts et de la Légion-d'Honneur, est né à Genève en 1794. — Napoléon lui accorda une pension pendant tout le temps de ses études. Grand prix de Rome en 1813, en 1819 il obtint la médaille d'or, et fut de l'Institut en 1827. On remarque parmi ses œuvres : *le Duc de Berri dans les bras de la Religion*, un buste de Rousseau, quatre *Renommées* de dix-huit pieds à l'arc de triomphe de l'Étoile, *les trois Grâces*, une *Niobé*, un buste de Louis XVIII, un buste de Charles X, l'*Ordre public*, un *Cyparisse*, un *Prométhée* et une *Sapho*. Il est mort en 1853.

JENNER

Médecin anglais, dont le nom passera à la postérité comme celui d'un des premiers bienfaiteurs de l'humanité. Il découvrit la vaccine, procédé d'inoculation préservatrice de la variole ou petite vérole. Edward Jenner, né en 1749 à Berkeley, dans le comté de Glocester, mourut en 1823.

LESUEUR

(Eustache), peintre, né à Paris en 1617. — Étudia sous Vouet et se fit de bonne heure remarquer du Poussin. Il peignit pour les couvents principalement. Persécuté par ses en—

vieux, il se retira dans une abbaye de Chartreux en 1655, et y mourut n'étant âgé que de 38 ans. Ses plus importants tableaux sont : la Vie de saint Bruno, celle de saint Martin et celle de saint Benoît.

FAÇADE EST

BREMONTIER

(Nicolas–Thomas), naturaliste et physicien, inspecteur général des ponts et chaussées, né en 1738, mort à Paris au mois d'août 1809. — On lui doit la fixation des sables et la plantation des dunes du golfe de Gascogne. La végétation y est en pleine vigueur aujourd'hui. C'est un de ces travaux qui suffisent à immortaliser un nom.

5.

NEWCOMMEN

Serrurier de Darmouth, inventa, vers 1695, la machine qui porte son nom, et qui est la première dans laquelle la vapeur ait été employée comme force motrice. Cette machine a, depuis, été perfectionnée par Watt.

PYTHAGORE

Célèbre philosophe de la Grèce, né à Samos vers l'an 584 avant J.-C. — Il commença par être sculpteur, puis athlète ; ensuite les leçons de Phérécyde lui firent embrasser la philosophie. Après de longs voyages, il fonda, à Crotone, une école fameuse qui s'appela l'*École italique*, qui avait pour noviciat un silence absolu de deux ou cinq ans. Pythagore cultiva avec le plus grand succès l'arithmétique, la géométrie, l'astronomie et la musique. Il mourut à Métaponte, à l'âge de 84 ans, victime de la persécution qui s'éleva contre lui et ses disciples. Les peuples de la Grèce l'honorèrent comme un dieu.

HUYGHENS

(Christian), né à La Haye en 1629, mort en 1695. — Il débuta par des travaux de géométrie, perfectionna les télescopes, découvrit un satellite de Saturne et bientôt après l'anneau qui entoure cette planète, appliqua le premier le mouvement du pendule aux horloges et le ressort spiral aux montres, et fit une foule d'autres découvertes d'une utilité toute pratique.

VAN DYCK

Peintre de l'école flamande. Antoine Van Dyck naquit à Anvers le 22 mars 1599 et mourut à Londres en 1641. — Élève de Rubens, Van Dyck fit un voyage en Italie, et avant son départ il fit hommage à son maître de plusieurs tableaux, entre autres d'un *Ecce Homo* et d'un *Christ au jardin des Oliviers*. En Italie, Van Dyck composa la *Charité de saint Martin* et la *Famille de la Vierge*. Il mourut le 9 décembre 1641 à Londres, où l'amitié du roi Charles Ier l'avait comblé de faveurs et de distinctions.

METIUS

(Jacques), natif d'Alcmaër en Hollande, inventa les lunettes d'approche. Il présenta une de ces lunettes aux états généraux en 1609. Galilée, d'après les procédés de Metius, en construisit une en 1610. Il mourut le 17 septembre 1635.

GERMAIN PILON

Est né à Loué-sur-la-Vangre, à six lieues du Mans. Il mourut en 1590. — Ce fut dans l'atelier de son père qu'il puisa les premières leçons de son art, et il eut ensuite pour maîtres Jean Cousin, Primatice et Jean Goujon, dont il devint l'émule et l'ami. Il exécuta, en 1560, les Saints de l'abbaye de Solesmes. On lui confia des parties importantes du mausolée de François Ier; puis il fit celui de Henri II. On cite parmi ses nombreux ouvrages le tombeau du chevalier de Birague et de sa femme Valentine Balbiani. En 1557 il éleva celui de Guillaume du Bellay dans la cathédrale du Mans. Il mourut dans un âge très avancé.

BERNOUILLY

Famille de mathématiciens célèbres : Jacques Bernouilly, auteur de la *Théorie des infiniment petits*, né à Bâle en 1654, mort en 1705.—Jean Bernouilly, frère du précédent, auteur du calcul exponentiel, mort en 1748. — Daniel (fils de Jean), né en 1700, mort en 1782. La mécanique lui doit un excellent *Traité d'hydrodynamique.*

J. GABRIEL

Le plus célèbre des artistes du règne de Louis XV, Jacques-Ange Gabriel, né en 1710, succéda aux différentes places de son frère, dont il avait été l'élève. La place Louis XV, le troisième étage de la cour du Louvre, l'École-Militaire, la salle de spectacle du château de Versailles, le château de Compiègne, l'Hôtel-de-Ville de Rennes, sont ses titres à l'admiration de la postérité.

SERLIO

(Sébastien), architecte, naquit à Bologne en 1475. — François Ier le fit venir en France, où il eut la générosité de préférer les plans de P. Lescot aux siens propres pour la reconstruction du Louvre. En 1551, après la mort de son protecteur, qui l'avait fait architecte de Fontainebleau et intendant de la couronne, Serlio mourut dans la détresse, à Fontainebleau, en 1552. Il a laissé un *Traité d'architecture*.

HALLEY

(Edmond), astronome anglais, né à Londres en 1656, mort en 1742. — Il a laissé plusieurs ouvrages utiles, entre autres, un *Catalogue des étoiles australes*, une *Méthode directe pour découvrir les excentricités des planètes*, etc.

DE GUÉRICKE

(Otto), physicien allemand, né en 1602 à Magdebourg, dont il fut bourgmestre, employa ses loisirs à des recherches scientifiques. Dès 1654, il avait imaginé sa première machine à récipient métallique. Il fut chargé d'une mission auprès de la Diète de l'Empire, réunie à Ratisbonne, et eut l'occasion de faire admirer sa machine à l'empereur et à l'archevêque de Mayence. Il a, en outre, la gloire d'avoir donné le premier la célébrité aux expériences touchant le tonnerre. Il tira d'un globe de soufre une étincelle, et c'est à cette première épreuve que Franklin dut sa grande découverte du paratonnerre.

GRAINDORGE

(André), né à Caen, fit le premier, dans le XVIe siècle, des figures sur les toiles ouvrées. C'est l'origine des toiles damassées, nommées ainsi à cause de leur ressemblance avec le *damas* blanc. Cet habile ouvrier donna le premier la méthode d'en faire des services de table.

JANVIER

(Dom René-Ambroise), bénédictin, né à Sainte-Suzanne, dans le Maine, en 1614.—Se rendit habile dans la langue hébraïque. Après avoir professé dans son ordre avec une grande réputation et avoir conquis le titre de linguiste des plus célèbres, il mourut à Paris, en l'abbaye de Saint-Germain-des-Prés, le 22 avril 1682, à 68 ans.

C. GELLERT

Mourut le 13 décembre 1769. — Ce poëte allemand publia ses fables de 1740 à 1750 : leur succès fut prodigieux. Comme il était fort pauvre, on raconte qu'un jour un marchand de bois lui fit accepter du bois de chauffage ; les laboureurs lui apportaient des fruits, et les femmes d'ouvriers le forçaient d'accepter des ustensiles de ménage, en échange, disaient-ils, du plaisir qu'il leur procurait.

DUPERAC

Architecte qui attacha son nom aux édifices les plus importants élevés sous les règnes de Henri III et Henri IV. Duperac avait étudié la peinture en Italie, ainsi que la sculpture. Il publia à Rome un ouvrage intitulé : *Dell'anti-chitá di Roma*. Il construisit la porte Dauphine à Fontainebleau. Duperac mourut en 1611.

BERGMANN

Chimiste distingué, à qui revient l'honneur de la découverte du molybdène en 1782. Torbern Bergmann, chevalier de l'ordre royal de Wasa, professeur de chimie à Upsal, naquit en 1735 à Catherineberg, en Westrogothie, et fut disciple de Linnée. Le principal de ses ouvrages est la *Sciagraphia mineralis*, qui a été traduite en français. Il mourut à Upsal en 1776. L'académie de Stockholm lui a consacré une médaille.

BERNWARD

Correspondant de l'Institut royal, section de l'astronomie, naquit à Trans, en Provence, en

1748, et mourut en 1816, à l'âge de 68 ans.
— La Provence lui doit sa principale richesse :
la culture du figuier.

PONCE

(Pierre), célèbre Bénédictin du XVIe siècle,
précurseur de l'abbé de l'Épée. — Enseigna à
lire et à écrire à quatre sourds de naissance :
au fils du grand juge d'Aragon, aux deux frères
et à la sœur du connétable de Castille. Il était
Espagnol.

LEMERCIER

(Népomucène-Louis), littérateur, membre de
l'Académie française, né à Paris en 1772,
mort en 1840. — Est resté toute sa vie homme
de lettres. Son chef-d'œuvre est la tragédie
d'Agamemnon.

F. BARREAU

Tourneur célèbre, né à Toulouse le 26 septembre 1731, mort le 2 août 1814. — Parmi ses ouvrages les plus délicats on cite une sphère en ivoire de quatre pouces de diamètre, portée sur un piédestal en ébène et percée à jour de trente ouvertures, au moyen desquelles l'artiste a travaillé, dans le bloc même, une urne dont le couvercle se divise à volonté. Dans cette urne est une autre boule percée à jour et qui contient une étoile de douze rayons. Napoléon l'a placée à Trianon.

CLÉMENT MÉTÉZEAU

Architecte du roi, natif de Dreux, vivait sous le règne de Louis XIII. — Cet artiste, d'un génie hardi, capable des plus grandes entreprises, s'est immortalisé par la digue de La Rochelle, ouvrage contre lequel les plus célèbres ingénieurs avaient échoué, et qu'il exécuta en 1628. Cette digue avait 747 toises de longueur. Il mourut vers 1540.

P. BECKER

Auteur de la première théorie scientifique de la chimie, né à Spire en 1635. — Il appliqua le premier la chimie à la physique, et chercha dans la nature la cause des phénomènes inorganiques de ces deux sciences. Il fit aussi des recherches sur l'acide primitif et fondamental dont tous les autres seraient formés, et vérifia les expériences de la combustion. Becker mourut en 1685. Il avait été successivement professeur, membre du conseil aulique et premier médecin de l'Électeur de Bavière.

JEAN BULLANT

Architecte, florissait sous Louis XII. — Commença, avec Philibert de Lorme, le château des

Tuileries pour Catherine de Médicis. Des lettres patentes de Henri II, données à Saint-Germain-en-Laye en 1557, le 25 octobre, appelèrent Bullant au conseil des bâtiments du roi. Il fut encore employé par Henri III, qui le chargea de terminer le tombeau des Valois, à Saint-Denis. Il mourut vers 1575. On lui doit le château d'Écouen et la colonne de Médicis à la halle au blé.

C. BALLIN

Orfévre français, né à Paris en 1615, mort en 1678, âgé de 63 ans. — A l'âge de 19 ans, il fit quatre bassins en argent, de 60 marcs chacun, que le cardinal de Richelieu acheta. Il fit d'or émaillé la première épée et le premier hausse-col que Louis XIV a portés, un miroir d'or pour Anne d'Autriche, ainsi que des vases dont la magnificence le fit nommer directeur du Balancier des médailles et des jetons.

COVENTRY

(John), mécanicien anglais, né en 1735, mort en 1812. — Perfectionna l'hygromètre, le télescope et surtout le micromètre.

R. DE COUCY

Architecte français, naquit vers le milieu du XIIIe siècle.—Bâtit Saint-Nicaise, la merveille architecturale de Reims. Il mourut à Reims et fut enseveli dans le cloître de Saint-Denis de cette ville.

PIRANESI

(Jean-Baptiste), né à Rome en 1700, mort en 1778. — Fut un dessinateur célèbre. Son fils François fut aussi dessinateur et graveur.

Il prit part à la révolution excitée à Rome par les Français, se réfugia à Paris, y publia la belle collection *Antiquités romaines*, et mourut en 1810.

H. CAVENDISH

Ancienne et illustre famille anglaise, qui a produit des généraux, des hommes d'État et des savants distingués. Le dernier, Henri Cavendish, célèbre chimiste, l'un des huit associés étrangers de l'Institut de France, est mort à Londres, en 1810, à l'âge de 77 ans.

OVERBECK

Né à Lubeck en 1779. — Passionné dès sa jeunesse pour la peinture religieuse, il s'en alla, à l'âge de 16 ans, poursuivre à Vienne ses études, et se rendit ensuite à Rome. En 1811 il fit une *Madone* et quelque temps plus tard un tableau représentant *l'Adoration des*

Rois. En 1818, il fit les fresques dans la villa du marquis Massimi, de concert avec Cornélius, son compatriote.

PIERRE LESCOT

Architecte, né à Paris en 1510, mort en 1571. — L'un des restaurateurs de l'architecture en France. Il donna en 1541 les dessins du Louvre ; on lui doit aussi la fontaine des Innocents. En 1548 il termina l'aile de la cour du Louvre comprise entre le pavillon de l'Horloge et la partie du palais parallèle à la Seine.

FAÇADE OUEST

MOZART

(Jean-Chrysostome-Wolfgang-Amédée), compositeur allemand, né en 1756, mort en 1791. — Composa dans tous les genres et excella dans chacun d'eux. Il a laissé plusieurs opéras qui sont des chefs- d'œuvre, un grand nombre de sonates et de symphonies, et la célèbre messe du *Requiem*, qui fut pour lui le chant du cygne.

RIQUET

(Pierre-Paul de), seigneur de Bonrepos et de Bois-la-Ville, né à Béziers en 1604. Sa famille, d'origine italienne, s'était réfugiée en France. — Une ordonnance de Louis XIV l'autorisa à commencer, en 1642, un tracé de canal qui, au bout de 14 ans, donna un creusé de 237,715 mètres de longueur, coûta 17 millions de dépense et employa 11,000 ouvriers par jour; ce fut le canal du Midi, dont l'exécution fut un de ces travaux qui ont fait de Louis XIV Louis le Grand. — Riquet est mort à 76 ans, en 1780.

COOK

(James), fils d'un domestique de ferme, né le 27 octobre 1728 à Marton, dans le comté d'York, traversa successivement les emplois les plus infimes et les plus pénibles de la marine, et put acquérir de lui-même les connaissances astronomiques les plus élevées et exécuter d'importants travaux hydrographiques. Il jouit dans le monde entier d'une haute célébrité. Dans un dernier voyage de découverte vers le pôle boréal, Cook, quittant Plymouth le 12 juillet 1876, se dirigea vers les îles Sandwich. Ce fut là qu'il découvrit l'île Owhiwhée, où il fut tué de la manière la plus malheureuse dans une querelle qui s'éleva entre les Indiens et les gens de son équipage le 14 février 1779.

MORVEAU

(Guyton de), chimiste, membre de l'Institut, naquit à Dijon en 1737, et mourut en 1816. Il était fils d'un professeur de droit. — Il fut longtemps avocat général à Dijon. On lui doit les fumigations de chlore, employées contre les miasmes pestilentiels, et, le premier, il eut l'idée de la nomenclature chimique. Il fut député à la Convention en 1791, et fut nommé administrateur à la Monnaie; mais il perdit cette place à la Restauration.

LENOTRE

(André), architecte, célèbre surtout comme dessinateur de jardins ; né à Paris en 1613, mort en 1700. — Ce fut lui qui dessina la majeure partie des jardins royaux.

CAXTON

(Guillaume), littérateur, né dans le comté de Kent. — Fut employé dans diverses négociations par le roi d'Angleterre Édouard IV. Il s'adonna au commerce, et introduisit l'imprimerie en Angleterre. Ses plus anciens imprimés sont de 1474. Il mourut en 1491, âgé de 91 ans.

D'ALEMBERT

(Jean Le Rond), mathématicien, et l'un des hommes les plus marquants du XVIIIe siècle.

Il fut trouvé, au moment de sa naissance, sur les marches de Saint-Jean-le-Rond, église située près Notre-Dame de Paris, le 16 novembre 1717. — Il était fils de madame de Tencin et d'un nommé Destouches, officier d'artillerie. Membre de l'Académie des sciences en 1741, et de l'Académie française en 1754, il a publié un grand nombre de mémoires sur les sciences physico-mathématiques, et a été le collaborateur actif pour cette branche de l'*Encyclopédie*, dont il fit le discours préliminaire, chef-d'œuvre de science et de littérature. Mort le 29 octobre 1783.

TINTORET

(Jacques-Robusti, dit le), peintre, né à Venise en 1512, mort en 1594. — Était fils d'un teinturier (d'où lui vient son nom), et fut élève du Titien. Il composa beaucoup, mais son œuvre n'est pas partout égale à elle-même. Ses chefs-d'œuvre sont : *le Crucifiement* et *le Miracle de saint-Marc.*

THOUIN

(André), botaniste français, né le 10 février 1747, mort le 27 octobre 1824. — Fut, le 28 janvier 1764, appelé à la place de jardinier en chef aux jardins du roi. En 1790, il fut élu membre du conseil général du département de Paris, et reçut, en 1798, une couronne de chêne et une médaille d'or, à titre de récompenses nationales. Les services qu'il a rendus à l'agriculture sont des plus solides. On a de lui, un *Essai sur l'exposition méthodique de l'Économie rurale.*

EULER

(Léonard), géomètre, né à Bâle en 1707 ; mort à S.-Pétersbourg en 1783. — Génie profond, inventif, il traita entièrement la mécanique par l'algèbre, perfectionna le calcul intégral, le calcul différentiel, créa le calcul

algébrique et les fonctions circulaires. Eu..er
avait été frappé de cécité à l'âge de 59 ans.

DULONG

(Pierre-Louis), savant français, né à Rouen
en 1785, mort en 1838 à Paris. — Il a fait en
chimie et en physique de savantes recherches
qui ont utilement servi au progrès de ces deux
sciences.

CHAPTAL

(Jean-Antoine), chimiste et ministre de l'in-
térieur sous l'Empire, né en 1756, mort en
1832. — La France lui est redevable de la
fabrication de l'acide sulfurique et de la teinture du coton en rouge d'Andrinople. Il avait
été admis à l'Institut en 1798. On lui doit deux
ouvrages estimés, l'un sur l'industrie française,
l'autre sur la chimie.

FIRMIN DIDOT

Famille d'imprimeurs français qui ont porté la typographie à un haut degré de perfection. — François Didot, syndic de la communauté des libraires, né à Paris en 1699. — François-Ambroise Didot, fils du précédent, né à Paris en 1730, commença à donner aux caractères typographiques d'exactes proportions et une coupe franche et élégante. On lui doit la fabrication du papier vélin et la presse à un coup. Il est mort en 1804. — Pierre-François Didot, frère du précédent, né à Paris en 1761, ajouta au perfectionnement de son art et mourut en 1795. — Pierre Didot, fils aîné de François-Ambroise, se distingua par de superbes éditions et comme littérateur. — Firmin Didot, frère du précédent, né à Paris en 1764, a soutenu comme imprimeur, et surtout comme graveur et fondeur, le nom de son père. En 1826, il se livra aux affaires publiques comme député. Il est auteur de deux tragédies. La mort l'a frappé en 1836.

PEREIRE

(Jacob-Rodrigue), instituteur de sourds-muets, prédécesseur de l'abbé de l'Épée et de l'abbé Sicard. Avant de s'établir en France, il avait institué une école de sourds-muets à Cadix. Mort le 16 septembre 1780.

BOULE

(André-Charles), ébéniste, né à Paris en 1642, mort en 1732. — A laissé son nom à une sorte de meubles fort recherchés aujourd'hui, dont les ornements consistent en incrustations de divers genres et de diverses matières.

BENVENUTO CELLINI

Peintre, sculpteur et graveur; il est né à Florence en 1500. — Il excella surtout dans l'orfévrerie. Il vint en France, où François Ier le combla de bienfaits. Il mourut en 1570.

NICOLAS DE PISE

Architecte et sculpteur florentin, mort vers l'an 1320. — Contemporain de Giotto, il travailla à la grande fontaine de Pérouse.

GEOFFROY SAINT-HILAIRE

Né à Étampes le 15 avril 1772, appartenant à une famille célèbre dans les annales de la science : car elle avait déjà fourni à l'Académie des sciences, au XVIIe siècle, trois membres du même nom. Ce furent les leçons de Daubenton, d'Haüy et de Fourcroy, qui formèrent cet illustre naturaliste. — Il enseigna la zoologie, et fut, malgré quelques dissensions, l'ami, le rival et le complément de Cuvier. Il mourut peu de temps après 1830.

ALBERT DURER

Né à Nurenberg en 1471, mort en 1528. — Se distingua également comme peintre et comme graveur, perfectionna la gravure sur cuivre et sur bois, et inventa, dit-on, la gravure à l'eau-forte. On admire dans ses nombreux ouvrages une vérité parfaite, quoiqu'elle manque quelquefois de grâce.

SAINT ÉLOI

Né à Châtelat, dans le Limousin, en 588.— Fut d'abord orfévre et trésorier de Dagobert Ier, et ensuite évêque de Noyon.

COLBERT

(Jean-Baptiste), ministre et secrétaire d'État, contrôleur général des finances sous Louis XIV.

né à Reims en 1619, mourut en 1683, épuisé de travail, laissant la réputation justement acquise du plus grand homme d'État qu'ait eu la France.

DE STEINBACH

(Erwin), habile architecte du XIIIe siècle. — Est principalement connu pour avoir donné le plan et dirigé la construction du portail et de la tour de la cathédrale de Strasbourg en 1275. Il mourut en 1318. L'élévation de cette tour est de 436 pieds de roi. C'est le monument le plus élevé qu'on connaisse.

DAGUERRE

(Louis-Jacques-Mande) est né à Cormeilles, près Paris, en 1789. — Il découvrit, vers la fin de 1838, un sublime procédé de reproduction des objets par la lumière. Elle ne fut dévoilée au monde que le 19 août 1839. Le gouvernement lui vota une rente de 6,000 fr., lesquels furent augmentés de 4,000 fr. plus tard. Il est juste d'accoler à son nom celui de M. Niepce, qui participa à la gloire de cette découverte. Daguerre a cessé de vivre le 10 juillet 1851.

SOUFFLOT

(Jacques-Germain), architecte, à qui l'on doit la Bourse, le Panthéon, la salle de spectacle et l'hôpital de Lyon. Il est né en France, près d'Auxerre, en 1714, et mourut à Paris le 15 juin 1780.

BOERHAAVE

Né en 1668, mort en 1738. — Grand médecin, profond penseur et homme de bien. La réputation de Boerhaave comme médecin n'a jamais été égalée dans les temps modernes : de tous les points du glohe on venait le consulter.

Il reçut même d'un lettré chinois des plus distingués une lettre avec cette simple suscription :

A Monsieur Boerhaave,

En Europe.

LEBRUN

(Charles), peintre, né à Paris en 1619, mort en 1690. — Alla se former à Rome, où il eut pour maître le Poussin. Il a fait les peintures de la grande galerie de Versailles.

LACÉPÈDE

(Étienne de Laville, comte de), célèbre naturaliste, ami et continuateur de Buffon, né à Agen en 1756, mort en 1825, après une vie glorieuse de savant, d'homme de lettres et d'homme d'État.

GAY-LUSSAC

Naquit à Saint-Léonard, dans la Haute-Vienne, le 6 décembre 1778. Il mourut en 1850, le 9 mai, âgé de près de 72 ans, et jouissant depuis un demi-siècle d'un nom européen. — Il mit en lumière diverses lois physiques de pondération et de saturation des gaz. Il fut appelé en 1804, par Chaptal, à faire un voyage d'exploration aérienne avec M. Biot. Dans un second voyage, qu'il fit seul, il s'éleva à la hauteur de 7,000 mètres, c'est-à-dire deux fois la hauteur du mont Blanc. En 1815, il publia un Mémoire sur l'acide prussique, puis sur l'iode. C'est à lui qu'on doit la découverte du cyanogène.

TABLE ALPHABÉTIQUE